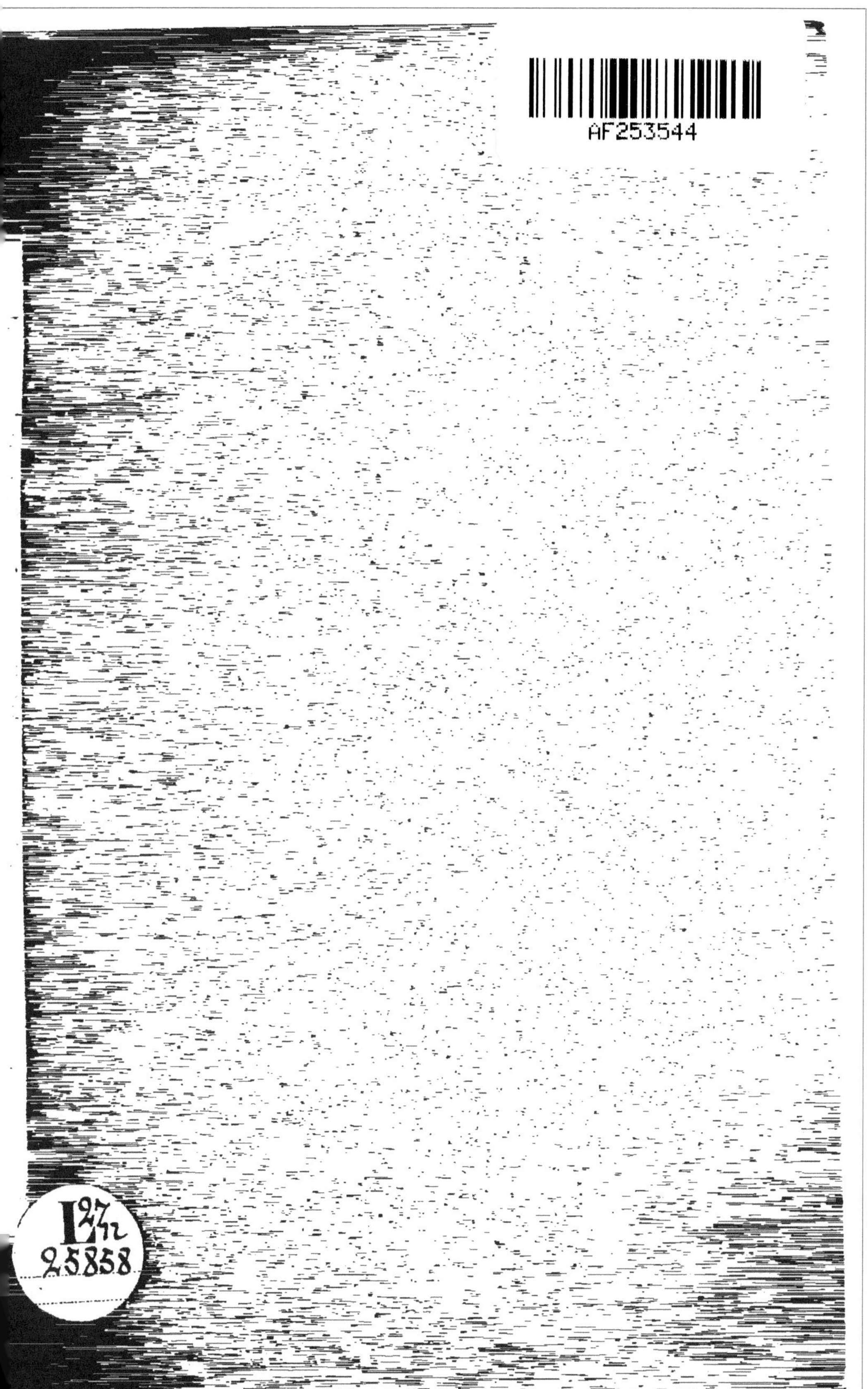

DISCOURS

Prononcé le 10 Mai 1870

EN L'ÉGLISE CATHÉDRALE DE GAP

(HAUTES-ALPES)

Par M. l'abbé **JAMES** Chan. Archiprêtre

A L'OCCASION DU MARIAGE

DE

M. Henri OLIVE avec Mlle Adine AMAT

MARSEILLE

—

1870

DISCOURS

Prononcé le 10 Mai 1870

EN L'ÉGLISE CATHÉDRALE DE GAP

(HAUTES-ALPES)

Par M. l'abbé **JAMES** Chan. Archiprêtre

A L'OCCASION DU MARIAGE

DE

M. Henri OLIVE avec Mlle Adine AMAT

MARSEILLE

—

1870

DISCOURS

Prononcé le 10 Mai 1870

EN L'ÉGLISE CATHÉDRALE DE GAP

(Hautes-Alpes)

Par M. l'Abbé JAMES, Chan. Archip.

A L'OCCASION DU MARIAGE.

DE

M. Henri OLIVE avec Mlle Adine AMAT

— ⚜ —

JEUNES ÉPOUX,

Une des heures les plus solennelles de votre vie, c'est
sans contredit l'heure présente. Tout en s'écoulant aussi
rapidement que les autres, elle possède néanmoins le
secret de s'éterniser par les ineffaçables souvenirs qu'elle
grave dans l'âme, par les grandes et irrévocables obligations
qu'elle impose, par l'influence puissante et décisive qu'elle
exerce sur l'avenir des destinées humaines. Cette heure
va marquer pour vous le terme de la vie solitaire et verra
luire les premiers instants d'une vie nouvelle, où deux
volontés s'abdiquant l'une l'autre n'en forment plus qu'une,

où deux cœurs n'ont plus qu'un seul amour, où deux êtres humains, jusque-là étrangers l'un à l'autre, unissent toutes leurs énergies, toutes leurs forces vives sous le regard paternel de Dieu et sous sa main bénissante pour obtenir de revivre dans leur postérité. Oui, jeunes époux, Dieu va entendre vos serments et bénir votre union par notre ministère.

Je dois vous dire combien elle est auguste et sainte, noble et élevée, afin que vos pensées et vos sentiments s'efforcent de ne pas y demeurer inférieurs, autant du moins que la faiblesse humaine peut apprécier les choses divines.

A peine donc la création était achevée, à peine la vie avait-elle jailli de sa source, du sein de Dieu, qu'il songe à établir le canal qui doit en porter le flot mystérieux à travers la durée et jusqu'à la fin des âges. Il institue le mariage, contemporain du berceau du monde, forme la société domestique et l'associe, par un dessein sublime, à sa puissance créatrice.

Mais vers le milieu des temps, de même que l'humanité devait grandir en dignité par suite de son union avec la nature divine, il convenait que le mariage participât aux gloires de l'Incarnation et revêtît un caractère plus divin. Jesus – Christ ne manque pas aux convenances de ses œuvres. Il fait du mariage un sacrement, c'est-à-dire ce qu'il y a de plus auguste et de plus saint dans sa religion même. Le mariage ne sera plus simplement le canal de la vie naturelle, il deviendra une source de grâces spirituelles qui s'épancheront d'abord dans le cœur des époux chrétiens, et de là, comme d'un réservoir, sur les enfants qui doivent former la famille à venir, et c'est ainsi que de génération en génération se perpétuera la vie surnaturelle, la vie chrétienne dont Jésus-Christ est la source : *in ipso vita erat*, et dont le baptême est la voie de propagation.

Vous avez là, époux chrétiens, l'idée sommaire de ce qu'est le mariage, de ce qu'il demande de vous, et dans le moment présent et dans l'avenir. Non, Dieu n'est pas absent de la société conjugale, et l'homme n'y est pas tout. Dieu y intervient comme fondateur unique et comme suprême législateur. C'est assez dire que l'homme, quel qu'il soit, n'a pas plus le droit d'être le second, que la puissance d'être le premier. Il ne doit y intervenir que comme serviteur et sujet, et jamais n'y substituer sa volonté à la volonté divine. Tel est le devoir général que vous aurez à remplir toujours dans la sainte carrière qui s'ouvre devant vous. Mais ce devoir se spécifie, et l'Eglise, dont vous êtes les enfants et moi le ministre, m'impose de vous signaler en détail les principaux devoirs de la vie conjugale.

Celui qui domine tout, qui résume tout, qui est tout,

dirai-je, c'est que *vous vous aimiez l'un l'autre comme J.-C. a aimé son Église*. Oui, dans la société domestique, comme dans la grande société religieuse que J.-C. a fondée, l'amour est toute la loi. Tout dépend de ce premier devoir : bien apprécié et bien rempli, tous les autres le sont de même. Deux cœurs qui s'aiment chrétiennement (et il n'y a d'amour vrai que celui-là), comment n'auraient-ils pas l'esprit de sacrifice et de dévouement? De quelle altération, de quelle inconstance, de quelle infidélité serait-il susceptible, venant de Dieu, appuyé sur Dieu et remontant à Dieu ? Et comme la famille issue de cet amour, enveloppée de cet amour comme d'une bienfaisante atmosphère, serait pure et joyeuse, goûterait de charmes et mettrait de bonheur au foyer domestique !

Il me semble, jeunes et chrétiens époux, que ce bonheur vous est réservé : vous avez l'un et l'autre tout ce qui peut vous en donner la mutuelle assurance. Vous, Monsieur, vos nobles sentiments et vos convictions religieuses sont connus; vous en faites hautement profession, et dans les glorieuses luttes de la pensée auxquelles, fidèle disciple et imitateur de votre digne père, vous prenez une si large part, quoique bien jeune encore, on vous voit toujours défendre la foi catholique, les principes d'ordre, les grandes vérités qui sont les bases essentielles sur lesquelles repose le bonheur de la famille. Vous combattez pour les autels et pour les foyers, *pro aris et focis*, les uns et les autres si attaqués de nos jours. Dieu bénira votre foyer. Celle que vous avez à vos côtés en sera l'ange tutélaire. Oui, Mademoiselle, celui qui va vous engager sa foi et se dévouer tout entier à votre bonheur, mérite de votre part un dévouement semblable. Le choix qu'il a fait de votre main n'aura point trompé son cœur. Bonne, douce, aimante, solidement chrétienne, vous vous souviendrez de cette parole du Maître, qu'en fait de bonheur comme en fait d'autre chose, *il vaut mieux donner que recevoir*, d'où est venue cette définition de l'amour si élevée, si délicate et si vraie : AIMER, C'EST TROUVER SON BONHEUR DANS LE BONHEUR D'AUTRUI. C'est ce bonheur que je vais demander à Dieu pour vous, jeunes et chrétiens époux, de toute l'ardeur de mon âme, et ce souhait que je place sur le seuil de votre nouvelle carrière, il vous y suivra toujours.

Marseille — Typ. Marius Olive.